ÉLOGE

DE

M. l'Abbé André-François BEULÉ,

FONDATEUR DE LA COMMUNAUTÉ DE L'IMMACULÉE-
CONCEPTION DE NOGENT-LE-ROTROU,

Instituteur des Sourds-Muets, etc.,

PRONONCÉ

LE JOUR DE SES FUNÉRAILLES (6 JUILLET 1839),

en l'Église de Notre-Dame dudit Nogent-le-Rotrou,

PAR M. L'ABBÉ BRIÈRE,

ALORS CURÉ DE CETTE PAROISSE, MAINTENANT CURÉ DE LA
CATHÉDRALE DE CHARTRES.

NOGENT-LE-ROTROU,

IMPRIMERIE ET LITHOGRAPHIE DE A. GOUVERNEUR.

1855.

AVIS.

A l'époque où cet Éloge funèbre fut prononcé, on sollicita vivement l'Auteur de le livrer à l'impression. Il ne crut pas devoir y consentir, pour des motifs qui n'existent plus aujourd'hui. Le désir de perpétuer l'hommage qu'il rendit alors à son ancien maître, et la certitude de causer quelque plaisir aux nombreux amis que cet homme de bien et de talent a laissés sur la terre, engagent, quoique un peu tard, le disciple de l'Abbé BEULÉ à publier un discours qui, à défaut d'autre mérite, donnera du moins une connaissance exacte du caractère et de la vie d'un Prêtre qui a honoré sa ville natale et son diocèse. Les loisirs d'une longue convalescence, passée à Nogent même, ont permis à l'auteur, de reviser et de compléter par des notes assez étendues, un travail qui, sans cette circonstance, n'aurait probablement jamais vu le jour.

ÉLOGE FUNÈBRE

DE

M. l'Abbé André-François BEULÉ,

FONDATEUR DE LA COMMUNAUTÉ DES SŒURS DE L'IMMACULÉE-

CONCEPTION, ETC.

LE Prêtre vénérable à qui nous rendons, en ce moment, les derniers devoirs, a souvent témoigné, pendant sa vie, le désir que nul discours ne fût prononcé à ses funérailles. Son humilité exagérée doit-elle nous imposer silence? Sera-ce mériter un reproche que de lui désobéir en ce point? Me pardonneriez-vous, Mes Frères, de laisser conduire à la tombe, sans un seul mot d'éloge, celui qui fut le précepteur de mon enfance, le conseiller de mon jeune âge, le guide de ma conscience, le bienfaiteur de toute ma vie? Sera-t-il dit, lorsque des louanges si peu méritées retentissent sur le cercueil d'hommes qui se sont signalés par leurs fautes et quelquefois par leurs crimes, plus que par leurs bonnes actions et par leurs vertus, sera-t-il dit que le vrai juste ne recevra aucun hommage,

— 4 —

et que les vifs sentiments qu'il inspire ne se produiront par aucune expression? Non sans doute, et j'en suis sûr d'avance, vous absoudrez ma piété filiale d'avoir trompé le vœu formé par une modestie qui dépassait les bornes.

Vous n'attendez de moi, ni beaucoup d'ordre, ni beaucoup d'art; la douleur n'en est guère capable. Les faits seuls seront ici éloquents; je les laisserai parler, et mon rôle se bornera à vous raconter l'abrégé d'une vie que des rapports intimes, un long commerce avec le saint défunt, et d'autres circonstances m'ont mis à portée de bien connaître.

André-François BEULÉ naquit en cette ville, (*) dans cette même paroisse de Notre-Dame qui vient de le voir mourir. La vivacité de son esprit se fit remarquer, dès l'âge le plus tendre. Ceux d'entre vous, Mes Frères, qui partagèrent avec lui les leçons de ses premiers maîtres, peuvent dire avec quelle étonnante facilité il dévora les éléments des connaissances humaines. Il l'emportait dès lors sur tous ses condisciples, et l'on sentit bientôt qu'il avait besoin d'études plus fortes que celles de la province. Il alla suivre les cours de Paris, et satisfaire dans nos plus célèbres écoles, la soif insatiable qu'il avait d'apprendre. Ses succès n'y furent ni moins nombreux, ni moins continuels que dans sa ville natale, et chaque année le vit revenir dans sa famille, le front orné de couronnes d'autant plus glorieuses, qu'elles avaient été disputées par des émules plus redoutables, et qu'on les distribuait, à cette époque, avec plus d'épargne et de

(*) Le 27 octobre 1766.

sobriété qu'on ne le fait aujourd'hui. Ce fut sous le savant et pieux Émery (I), au sein de cette société renommée qui reconnaît Olier (II) pour son fondateur, et qui a compté Fénelon au nombre de ses élèves, ce fut à Saint-Sulpice qu'il fit l'apprentissage des sciences et des vertus cléricales. Enfant du peuple mêlé aux La Trémouille, aux Montmorency et à tant d'autres rejetons des plus illustres races, qui se préparaient, dans la retraite, à porter le fardeau des hautes dignités de l'Église, il n'avait, lui, qu'un nom bien obscur ; mais il l'ennoblissait à sa manière, en se faisant distinguer par sa piété ardente, autant que par ses rares progrès dans les saintes lettres et dans la théologie.

Déjà il était initié aux ordres sacrés, et plusieurs futurs prélats jetaient peut-être les yeux sur lui, pour l'associer aux grandes fonctions qui leur étaient réservées, lorsqu'il s'arracha, par une résolution soudaine, à toutes les espérances qui pouvaient lui sourire. On fut bien surpris, un jour, d'apprendre au séminaire, que le jeune Abbé Beulé était allé s'ensevelir dans le monastère des Carmes (III) de Paris, qui avaient, depuis peu, embrassé la réforme. Frappé vivement de cette parole du Sauveur : « Que sert-il à l'homme de gagner l'univers, s'il perd son âme ? » (*) Il avait voulu assurer son salut éternel en se dévouant à la pénitence, dans un des ordres les plus austères de l'Église. Mais il s'était mépris sur sa vocation. Quoique nulle épreuve ne se fût trouvée au-dessus de son courage, quoiqu'il eût subi sans fléchir, tout ce que les macérations, les jeûnes, le travail, les humiliations ont

____

(*) Math. ch : 16, v : 26.

de plus rebutant et de plus pénible, le maître des novices
aux soins et à l'examen duquel il avait été confié, ne
tarda pas à lui dire : « Ce n'est pas ici, mon fils, que
» Dieu vous appelle; il attend de vous de plus grandes
» choses, et il importe à sa gloire que vous alliez
» vous préparer de nouveau à parcourir la carrière
» Évangélique. » Ce saint cénobite connaissait bien les
hommes, il comprenait bien les vrais intérêts de la religion. Quel dommage que tant d'activité, d'intelligence,
de connaissances acquises eussent été s'enfouir dans le
désert! car, « on n'allume pas la lampe, dit Jésus, pour
» la placer sous le boisseau, » (*) et sans doute celui qui
a reçu dans un degré éminent le talent de la parole, n'est
pas destiné par la Providence, à garder le silence du
cloître.

Quand notre jeune ecclésiastique reçut l'onction sacerdotale, l'orage de la révolution française grondait déjà
fortement, il allait éclater. (Nous ne rappelons ici le souvenir de ce temps lamentable, que parce qu'il est nécessaire pour faire connaître celui dont nous esquissons la
vie). On exigea des Ministres saints un serment que
repoussait la conscience (IV). Loin de se laisser entraîner
à le faire, et de céder à de funestes exemples, l'Abbé Beulé
se hâta de se ranger du côté des courageux confesseurs de
la foi, prêt, s'il fallait, à en devenir le martyr. Cependant il ne crut pas devoir suivre sur le sol étranger ceux
dont il avait imité la constance, et quoique Jésus-Christ
ait autorisé ses disciples à fuir d'une région dans une
autre, quand le feu de la persécution s'allumerait contre

(* Math. ch : 5, v : 15.

eux, il estima qu'il était plus digne de son zèle et plus méritoire aux yeux de son Dieu, de demeurer, malgré les périls, au sein de la patrie, et de s'y consacrer au service spirituel de tant d'âmes qui, sans ce dévouement, seraient restées pendant la vie et à l'heure de la mort, sans secours et sans consolation. Certes il fallait avoir une fermeté héroïque, une intrépidité plus généreuse que celle des guerriers mêmes qui affrontent les combats, pour exercer le sacré ministère, en de si critiques conjonctures. Qui ne sait que le culte du Dieu vivant était proscrit ; que le plus grand et le plus irrémissible de tous les crimes était, ou de plonger dans l'onde sacrée l'enfant qui venait de naître, ou de laver de ses fautes, dans la piscine salutaire, le pécheur qui en demandait la rémission, ou d'offrir la victime de la loi nouvelle, ou de fortifier par l'aliment céleste et par les saintes onctions, le pauvre moribond qui était sur le point de franchir le seuil de l'éternité ? Le Prêtre qui se livrait à ces charitables fonctions, outre les privations sans nombre et les fatigues incroyables qu'il lui fallait subir, ne pouvait ignorer que le glaive de la mort accompagnait en tout lieu ses pas, suspendu par un fil au-dessus de sa tête. Que fallait-il pour que ce fil se rompît ? une trahison, un geste, un coup d'œil, un rien, et de perpétuelles angoisses s'attachaient à toutes les démarches du Ministre de Jésus-Christ. L'Abbé Beulé vécut, pendant plusieurs années, au milieu de ces dangers et de ces alarmes cruelles. Au prix de son repos, de sa santé, de son existence qui était à chaque instant compromise, il maintint, dans un grand diocèse, celui de Rouen, les pratiques de notre sainte Religion, et il ouvrit le Ciel à une multitude de chrétiens fidèles qui expirèrent entre ses bras. Combien de fois fut-il sur le point de tomber aux mains de ses ennemis acharnés ! Mais la Providence le protégea toujours et l'arracha à leurs embûches d'une manière souvent miraculeuse (V). Son esprit fertile en expédients et en réparties ingénieuses, joint à un sang-froid et à un aplomb imperturbable, le servait merveilleusement, en ces sortes de rencontre (VI); sa gaieté naturelle ne le quittait jamais, et nous lui avons entendu dire, que cette vie de hasards auxquels on s'exposait pour la cause de Dieu, ne laissait pas d'avoir, en quelque façon, ses charmes.

Vinrent, après de longs soupirs, des circonstances moins malheureuses, et, au milieu de ses ruines, l'Église de France commença à respirer. Élevé sur le pavois par les mains de la victoire, Bonaparte songea à cicatriser les plaies de la patrie. Il ne fut pas longtemps à comprendre qu'il n'y a ni repos ni félicité pour les peuples, si la société n'a pour base la Religion. Il médita de la rétablir. Ce projet était digne de son génie et de sa haute fortune ; mais des difficultés de toute espèce s'opposaient à sa réussite, et ce ne fut que par beaucoup d'efforts et par le concours d'hommes habiles et zélés pour la restauration de la foi, qu'il parvint à les surmonter. On ignore assez généralement, même en cette ville de Nogent, que l'Abbé Beulé fut chargé, de la part du premier Consul et de plusieurs Évêques français, d'une négociation secrète et importante, relative au concordat. Sans être ostensiblement avoué par le Gouvernement, mais en effet chargé de ses instructions et de ses dépêches, ce Prêtre, encore peu avancé en âge, mais en qui on avait remarqué un coup d'œil vif et pénétrant, une facilité extrême d'élocution,

une présence d'esprit peu commune, avec une discrétion
à toute épreuve, arriva à Rome, avec un autre Ecclésiastique qui partageait sa mission. L'un et l'autre parvinrent
jusqu'aux pieds du souverain Pontife qui reçut de leur
bouche des renseignements infiniment précieux, et qui
influèrent de la manière la plus décisive, sur cette mémo-
rable transaction, à laquelle nous sommes redevables
d'avoir vu reparaître parmi nous le culte sacré de nos
pères. Jamais l'Abbé Beulé n'a découvert à personne le
fond des entretiens qu'il eut, à diverses reprises, avec le
chef de la Chrétienté; mais on sait que le saint Pontife
Pie VII avait conçu l'opinion la plus favorable de sa piété
et de ses talents. Lorsque, deux ans après, il vint en
France pour sacrer Napoléon, il discerna, dans le palais
de l'Évêque de Versailles, le jeune négociateur, qui s'y
trouvait comme perdu, au milieu d'une foule de grands
personnages; il s'approcha de lui, l'entraîna dans une
embrasure de fenêtre, et lui serrant affectueusement la
main : « Soyez en repos, lui dit-il, j'ai brûlé moi-même
» tous les papiers que vous m'aviez remis. » Le principal
ministre du Pape, le Cardinal et célèbre diplomate Consalvi (VII), voulut conférer plusieurs fois avec l'Abbé Beulé,
pendant son séjour dans la capitale de l'Église. Inquiet de
ses entrevues avec le Pontife, il chercha à en pénétrer le
mystère; mais en vain. Il avait affaire à un homme qui,
tout en respectant avec scrupule les droits inviolables de
la vérité, savait échapper parfaitement aux ruses les plus
adroites de ses insidieuses questions. Le Cardinal Maury (VIII) fut aussi à même de juger de la sûreté qu'il y
avait à se confier à ce modeste ambassadeur. Il l'avait reçu
dans sa maison épiscopale de Montefiascone, lorsqu'à

son retour de Rome, celui-ci revenait en France. Ce Prélat
à qui l'amour du sol natal dressait un piége dont il ne sut
pas se garantir, et qui peut-être roulait déjà dans son
cœur, le désir de s'asseoir sur le siége de Paris, se doutait
bien que son hôte n'était pas un voyageur ordinaire, et il
ne négligea, pendant plusieurs jours, ni prévenances, ni
caresses, ni épanchements dans la conversation, pour
obtenir une confidence, dont il aurait profité selon ses
desseins et ses vues ; mais il fut forcé de s'avouer vaincu,
et il convint de sa défaite, d'une manière qui n'avait rien
de désobligeant pour son silencieux antagoniste (IX).

Si l'Abbé Beulé avait eu de l'ambition, c'était là le vrai
moment de se produire (X). Mais il n'était pas de ceux qui
« cherchent leurs avantages. » (*) Satisfait d'avoir contribué pour sa part, à la paix de l'Église, il resta simple
soldat dans les rangs de sa milice, et il se hâta de profiter
de la liberté qu'elle venait de recouvrer, pour se livrer à
l'œuvre importante des missions. Il s'associa à cet effet au
fameux père Guillou (XI), qui s'est si fort distingué dans
ce genre de ministère, et qui a laissé après lui, dans le
clergé de France, la réputation d'un saint homme et tout
à la fois d'un homme d'esprit. M. Beulé était alors dans
la force de l'âge et du talent. Une physionomie caractérisée
et des traits à la Saint Vincent de Paul, un tempérament
nerveux, une voix sonore, une éloquence naturelle et
populaire, une sobriété austère, un mépris décidé des
délices de la vie, une constance infatigable dans les travaux; avec cela une humeur agréable, un tact exquis pour
deviner ce qu'il fallait dire et ce qu'il fallait taire, un don

(*) Philipp. ch : 2, v : 21.

particulier pour s'insinuer dans les bonnes grâces de cha-
cun, tout le rendait propre à remplir le rôle apostolique
dont il s'était chargé. Aussi l'ascendant qu'il prit sur les
populations fut-il prodigieux. Mantes, Argentan, Mortagne,
Alençon, pour ne point citer d'autres villes, vous n'avez
pas oublié ces jours de bénédiction, où il apparut au milieu de vous, comme un envoyé céleste ; vous conservez
le souvenir de ces flots d'auditeurs, de tout âge, de tout
sexe, de toute condition, qui environnaient sa chaire, et
il vous semble l'entendre encore, tantôt faisant retentir
le tonnerre de la justice divine pour épouvanter salutai-
rement les pécheurs, déroulant la grande scène du juge-
ment dernier, et entr'ouvrant les gouffres de l'abîme
éternel ; tantôt, et plus souvent, versant le baume de la
consolation sur les cœurs blessés par le repentir, et
peignant avec enthousiasme la miséricordieuse bonté de
Jésus. Ce n'étaient pas de ces beaux discours élaborés et
polis à loisir, qui, en amusant l'esprit, laissent le cœur
froid et insensible. L'homme de Dieu dédaignait cette
ambitieuse et stérile envie de plaire. C'étaient des instructions claires, solides, pathétiques, nourries d'Écriture
sainte et de la plus pure substance des Pères ; c'étaient des
traits forts, hardis et pressants, des peintures de mœurs
pleines de vérité, où la nature semblait prise sur le fait ;
des aperçus d'une finesse et d'une profondeur surprenante,
une certaine malice incisive et caustique, quand il s'agis-
sait de démasquer le vice et de le stigmatiser ; des vues
neuves, originales, fécondes, et qui, si elles avaient été
mûries par plus d'étude, auraient pu fournir le fonds de
véritables chefs-d'œuvre. Sans doute, notre prédicateur ne
s'est pas soutenu, jusqu'à la fin, à la même hauteur ; il a
éprouvé, comme tous les autres, la décadence de l'âge,

et l'on doit même avouer, pour être juste, que son extrême
facilité lui a beaucoup nui; mais on conviendra aussi que,
même dans ces derniers temps, il intéressait encore; qu'à
travers tous les défauts de forme, on retrouvait l'homme
à grandes pensées, et que si l'éclat de cette pourpre jadis
si vif, était un peu terni, le tissu n'en demeurait pas
moins fort. Le zèle pour annoncer la parole de Dieu était
comme inné dans l'Abbé Beulé; jamais il ne se refroidit en
lui. Chaque fois qu'il célébrait les saints Mystères, sous le
règne néfaste de la Terreur, il adressait aux fidèles qui
s'étaient assemblés en secret, pour y participer, quelque
exhortation plus ou moins étendue, afin d'animer leur foi
et de fortifier leur courage. Plus tard, quelque part qu'il
se trouvât, il était toujours prêt, sur la moindre invitation,
à monter dans la tribune sacrée, et les églises de cette
ville, aussi bien que celles des campagnes d'alentour, ont
résonné, pendant quarante ans consécutifs, de ses inépui-
sables accents. Ne l'avons-nous pas vu encore, durant le
dernier carême, faire avec une ardeur presque juvénile,
des efforts dont nous étions tous étonnés, efforts hélas!
dont il a été peut-être victime, et qui auront contribué
sans doute à le précipiter dans la tombe où nous allons
l'enfermer. Il aurait donc pu nous prendre à témoin,
comme le grand Apôtre, et nous dire, en invoquant notre
suffrage : « Vous savez que je ne vous ai rien dissimulé
» de ce qui pouvait être utile à votre édification ; que je
» vous l'ai sans cesse annoncé, et que je vous en ai ins-
» truits sans relâche, soit en public, soit dans l'intérieur
» de vos maisons. » (*) Dieu seul sait le nombre d'âmes
que notre pieux missionnaire a fait renaître à la Religion

(*) Act. ch : 20 , v : 20.

et à la vertu; d'éclatantes conversions venaient, à chaque instant, le récompenser de ses fatigues et lui servir de rafraîchissement (XII). Des hommes qui s'étaient signalés, pendant des jours funestes, ou par le scandale de leurs apostasies, ou par la lâcheté de leurs délations, ou même par la cruauté avec laquelle ils avaient versé le sang de leurs frères, accouraient se réfugier dans son sein, et, à sa voix, lavaient dans les larmes de la pénitence, une vie souillée de crimes et d'horreurs.

L'obéissance à une autorité sacrée força l'Abbé Beulé d'abandonner les missions et de rentrer dans son diocèse. Chose étonnante, et qu'on aurait bien de la peine à s'expliquer, si on ne savait d'ailleurs que le vrai mérite est aussi soigneux de se tenir à l'écart, que la médiocrité est ardente à se mettre en évidence! Un homme qui joignait tant de talent à tant de vertu, fut relégué dans un poste extrèmement médiocre, et celui qui avait traité des plus hautes affaires de la religion avec le chef de l'Église en personne, resta pendant quatre ans entiers, simple vicaire de la paroisse de Saint-Laurent de cette ville. Mais, de même qu'il en est qui paraissent petits dans les grandes places, de même il y en a qui se montrent grands dans les emplois inférieurs. Le moindre des prêtres de cette cité, selon le rang, l'Abbé Beulé, était le premier et le plus considérable de tous dans l'opinion. Il y en a parmi vous, Mes Frères, qui se souviennent du concours continuel de peuple et de bourgeoisie, de riches et de pauvres, d'hommes lettrés et de gens sans lettres, qui assistaient non seulement à ses sermons, mais encore à ses catéchismes, ainsi que de l'affluence de personnes de tout état qui assiégeaient jour et nuit son confessionnal. Nul

ne prenait son parti, dans une affaire tant soit peu importante, sans le consulter; il décidait des vocations, il ter-
minait les différends, il distribuait les aumônes, il jouissait
de la confiance universelle; il était vraiment l'homme
du pays. Saint-Hilaire qui le posséda seulement pendant
six mois, en qualité de pasteur, lui donna toute son
affection, et son passage si rapide dans cette Paroisse,
laissa des traces profondes qui ne se sont jamais effacées.

A cette époque, le Collége de cette ville était tombé
dans un tel état de dépérissement, qu'il n'existait pour
ainsi dire plus. On cherchait un homme qui pût le relever
de ses ruines et y faire refleurir la discipline et les études.
L'Élève de l'ancienne Université de Paris, le docte prêtre
qui n'ignorait pas plus Horace et Virgile, que l'Écriture
sainte et l'antiquité ecclésiastique, se présentait à la
pensée de tous. Mais on eut bien de la peine à vaincre
ses résistances. Il semble qu'il prévoyait les peines qui
l'attendaient, dans ce nouveau genre de vie. A sa voix,
l'enceinte déserte du collége fut bientôt remplie; de
toutes parts, on se rendait à cette école, où présidait un
chef si digne et si renommé. Dès la première année, elle
comptait près de cent élèves internes, qui vinrent de tous
les lieux d'alentour, rivaliser avec les enfants de la cité.
Comme tant d'autres, je fus attiré par la réputation du
maître, et je pris ma place sur ces bancs, où nous étions
si serrés. Soyez à jamais béni, mon Dieu, de m'avoir
prédestiné aux leçons d'un tel précepteur. Ce bienfait de
votre Providence est le plus grand, j'ose le dire, que
j'aie reçu de vous, et jamais ma gratitude ne pourra
l'égaler. J'en atteste mes anciens condisciples, avec quel
soin la religion et les lettres ne nous étaient-elles pas

enseignées! Je dis la religion d'abord; car elle formait la base essentielle de notre éducation. On ne se contentait pas de nous en donner une idée légère et superficielle; on l'imprimait bien avant dans nos âmes; son histoire, ses dogmes, ses preuves, ses pratiques, tout ce qui la concerne nous était profondément inculqué, et ce que nous avions le plus besoin de connaître, c'est-à-dire Dieu et son culte, était aussi ce que nous connaissions le mieux. Ne croyez pas cependant qu'on négligeât les sciences humaines; nulle part, on ne les cultivait avec plus d'amour et de succès, et l'on nous en inspirait un goût si vif, que nous le ressentons encore, après tant d'années, et qu'au milieu des occupations sacrées qui maintenant nous accablent, nous ne pouvons nous empêcher de dérober, presque chaque jour, quelques instants pour satisfaire cette innocente passion. M. Beulé nous donnait l'instruction personnellement, le plus qu'il pouvait; j'ai eu le bonheur d'être son écolier, et c'est de sa bouche savante que j'ai appris les rudiments des langues. Sa méthode était admirable; elle ne se traînait pas dans les ornières de la routine. Loin de cet homme supérieur, tous ces cahiers, toutes ces compilations, tous ces cours composés d'avance. Il improvisait, sur le lieu même, la matière de nos devoirs, et il la variait, suivant nos besoins et nos forces. S'agissait-il de traduire les auteurs anciens? Il n'avait pas recours à la version d'autrui, il faisait la sienne, le livre en main, et luttait devant nous, corps à corps, contre les difficultés. Du reste, il pensait toujours à former notre cœur, en formant notre esprit, et peu de classes se passaient sans qu'il tendît à son but, par des réflexions, des traits d'histoire, quelquefois même par des plaisanteries, auxquelles il paraissait se laisser aller comme par hasard, mais que sa sagesse avait pourtant calculées et prévues. Il exerçait sur nous une surveillance active et de tous les moments, mais il la dissimulait sous les plus joyeuses apparences. Il se mêlait à nos récréations, il prenait part à nos jeux même les plus enfantins, et vous eussiez dit que ce prêtre si grave y trouvait autant de plaisir que nous; il entrait dans nos conversations, il écoutait nos petites disputes, nous l'en faisions volontiers l'arbitre. Beaux jours de mon enfance, que votre mémoire est chère à mon cœur! Hélas! je vous rappelle avec complaisance, et j'oublie que c'est en présence du cercueil de celui qui a contribué à vous rendre si purs et si heureux!!.. Qui peut dire les florissantes destinées qu'eût obtenues un établissement ainsi dirigé, s'il fût resté entre les mains de celui qui l'avait comme fondé parmi nous? Des raisons qu'il ne m'appartient ni d'apprécier ni de discuter, engagèrent M. Beulé à en sortir, à la fin de la seconde année. Je me rappelle encore l'impression douloureuse qu'il produisit sur nous, lorsqu'à la distribution solennelle des Prix, il nous annonça lui-même sa retraite : des larmes abondantes coulèrent de tous nos yeux, et cette fête, où éclate ordinairement tant d'allégresse, se changea soudain en consternation et en deuil.

Rendu à la vie privée, l'Abbé Beulé, on le pense bien, ne resta pas oisif. Dès le temps qu'il remplissait les fonctions de Vicaire dans la paroisse de Saint-Laurent, il avait rencontré, dans la direction, plusieurs âmes d'élite qui, à sa persuasion, s'étaient réunies et avaient formé une petite communauté, peu brillante aux yeux des hommes, mais infiniment recommandable devant Dieu, à cause des hautes vertus qui s'y pratiquaient. La fin qu'on s'était proposée d'abord avait été de procurer une éducation vraiment chrétienne aux enfants de cette partie du peuple qui, plongée dans la misère, et en proie à tous les besoins de la vie, ne pense pas même que nous ayons une âme à sauver, absorbée qu'elle est par la nécessité pressante et quotidienne de procurer au corps des aliments. Ce projet, conçu par un cœur brûlant de charité pour ses frères, fut exécuté avec un désintéressement sans bornes, une sagesse consommée, un courage et une persévérance indomptables. L'Abbé Beulé y employa son patrimoine et celui des femmes généreuses qui s'étaient associées à sa pensée ; il fit plus, il ne dédaigna pas, pour assurer l'indépendance de l'Établissement qu'il formait en faveur des intelligences, de s'adonner à une industrie matérielle, et, comme Saint-Paul, d'employer ses mains sacerdotales à un travail mécanique. Il apprit à ses filles à mener une vie dure, pénitente, éloignée en tout de l'esprit du monde, et voulut que l'humilité dont elles faisaient profession, reluisît jusque sur leurs vêtements. Riez, si vous vous en sentez le courage, de la forme et de la couleur de ces habits modestes, habiles gens, dont tout le mérite consiste peut-être dans une élégante parure ; mais celui qui les a prescrites, avait de graves raisons pour justifier son choix. Les moyens doivent être en harmonie avec le but. Comme c'était aux pauvres que notre saint Prêtre préparait des Institutrices, il voulut qu'elles fussent habillées pauvrement, de peur qu'une mise moins grossière ne donnât, près d'elles, accès aux riches, et, qu'à la fin, son idée fondamentale ne fût méconnue et renversée. Qui pourrait se l'imaginer ? Il se rencontra des obstacles de

2

toute espèce à une entreprise si utile, et il fallut une constance de beaucoup d'années pour en triompher. Précieuse nacelle, qui portes nos petits enfants vers le port du salut, puisses-tu du moins ne plus connaître désormais les orages ! Puisses-tu, privée que tu seras, à l'avenir, de la main ferme et prudente qui te dirigeait, à travers les rochers, ne t'aller briser contre aucun écueil ! Nous en formons le vœu, du fond de notre cœur, et nous conjurons celle que l'Église appelle « l'Étoile de la mer, » nous conjurons Marie de guider elle-même ta course sur l'océan de ce monde.

Parmi les filles que l'Abbé Beulé avait rassemblées, il s'en trouvait une (*) qui, bien que née dans une condition obscure, et n'ayant reçu, dans son enfance, presque aucune culture de l'esprit, ne laissait pas d'avoir de grandes dispositions pour les sciences. Il s'était empressé de lui communiquer des notions de grammaire, qu'elle avait saisies avec tant de rapidité, qu'il la crut capable de réaliser un dessein difficile qu'il avait jadis conçu, et dont il résolut de commencer l'exécution. Le sort de ces infortunés qui naissent privés tout à la fois de l'usage de l'ouïe et de celui de la langue, l'avait toujours touché d'une vive compassion. Ce qui les rendait surtout à plaindre à ses yeux, c'était cette espèce d'impossibilité, où ils se trouvent, d'acquérir une connaissance suffisante des vérités de la Religion, privation qui les expose hélas! à la perte éternelle de leur âme. Il envoya l'humble Sœur étudier, à grands frais, dans la célèbre Institution de

(*) La sœur Catherine Fleury, première supérieure de la communauté de l'Immaculée-Conception.

Paris, qui a servi de modèle à toutes celles qui se sont, depuis, établies ailleurs, mais qui était alors la seule dont l'Europe se pût glorifier. Il n'avait pas trop présumé de la capacité de cette fille. Elle revint, au bout d'un temps assez court, enrichie des trésors d'une science, que d'autres n'apprennent que très lentement et avec de très longs efforts, et elle se chargea immédiatement de l'instruction d'un certain nombre de sourdes-muettes. Quand l'Abbé Beulé se vit, par sa sortie du Collége, libre de toute occupation publique, il voulut donner à cette nouvelle espèce d'enseignement une plus grande extension, et il rêva un magnifique établissement dont il espérait doter son pays. Comme il fallait connaître l'art, pour le transmettre à d'autres, il n'hésita point d'aller, écolier à tête chenue, se mettre sous la discipline de l'illustre Abbé Sicard, et l'ennui des premiers éléments, par lesquels il était obligé de passer, ne dégoûta point son âge mûr; tant la passion du bien le pressait, tant son cœur était altéré du désir de travailler au bonheur de ses frères! Disons-le, en passant, à la gloire de la Religion, c'est au Clergé que l'on doit, après tant d'autres bienfaits de tout genre, la plus belle, la plus utile découverte de ces temps modernes, celle de faire, en un sens: « entendre les sourds et parler les muets. » (*) L'Abbé de L'Épée (XIII) inventa la méthode, l'Abbé Sicard (XIV) la perfectionna, l'Abbé Beulé lui a fait faire de nouveaux progrès. Celui-ci eut bientôt surmonté toutes les difficultés du chemin où il venait d'engager ses pas; il eut bientôt aplani tous les obstacles, et quelques mois s'étaient à peine écoulés, que de disciple, il était

(*) Marc, ch : 7, v : 37.

devenu maître. Jamais l'Abbé Sicard n'avait rencontré autant de pénétration, de sagacité ; jamais on ne l'avait si bien compris; jamais on n'était entré si avant et si parfaitement dans tous les détours et toutes les sinuosités d'une science, pour laquelle, avec une patience et une application infinie, il faut encore une extrême profondeur d'esprit. Il s'enthousiasmait de son élève, et il le désignait hautement comme le plus digne d'être son successeur. Son vœu à cet égard était si connu, qu'après sa mort, les Administrateurs de l'École songèrent à le remplir. Le feu Duc Mathieu de Montmorençy, (XV) le baron de Géraudo encore existant, (*) firent auprès de lui, les plus vives et les plus honorables instances, pour l'engager à accepter la place de Directeur de l'Institution royale des Sourds-Muets. Malgré ses premiers refus, ils l'appelèrent à Paris, pour essayer de vaincre plus efficacement sa résistance. Mais, ni les louanges les plus flatteuses, ni les offres les plus séduisantes, ni même le nom du Roi qu'on fit, je crois, retentir à ses oreilles, ne purent le détourner de la pensée à laquelle il s'était fixé, celle de faire jouir du fruit de ses travaux sa ville natale, préférablement à toutes les autres. Hélas! il était dans sa destinée, de vouloir, pour le bien, plus que de pouvoir. Une suite de circonstances fâcheuses l'a privé du bonheur tant envié par lui, de créer cette École de Sourds-Muets, qui fut l'idée dominante des vingt dernières années de sa vie, et il a disparu de ce monde, sans avoir attaché

(*) Le baron de Géraudo est mort depuis ; il était auteur de plusieurs ouvrages philosophiques, conseiller d'État, et Administrateur de l'Institution royale des Sourds-Muets.

son nom à ce grand ouvrage. Puisse quelque heureux Élisée avoir reçu le manteau de cet autre Élie, lorsqu'il s'est envolé vers les Cieux, et donner suite, parmi nous, à des desseins dont l'accomplissement serait si désirable. (*) Ce que je regrette surtout, c'est que l'Abbé Beulé n'ait pas consigné dans un ouvrage, les résultats de son expérience. Il est certain qu'il avait fait faire de grands pas à l'art d'instruire les Sourds-Muets, et nul peut-être, en Europe, n'en possédait aussi bien que lui les secrets. Mais il avait une répugnance naturelle à manier la plume, et sa vivacité ne s'accommodait pas des lenteurs de la composition. Bien éloigné de la manie du siècle qui réfléchit peu et qui écrit beaucoup, lui, il pensait beaucoup et il n'écrivait guère.

Les vertus sacerdotales de l'Abbé Beulé répondaient à l'éminence de sa science et à l'étendue de ses facultés intellectuelles. Son attachement à la foi était inébranlable, son dévouement pour elle ne connaissait point de bornes. On peut dire qu'il faisait tout dans des vues de foi, tout pour l'honneur et l'agrandissement de la foi. Il ne fallait pas plaisanter, en sa présence, sur les mystères de la Religion ; car il savait, lui aussi, aiguiser la pointe de la raillerie ; elle devenait alors une arme terrible entre ses mains, et il perçait de part en part l'imprudent qui avait osé toucher, sans respect, à l'objet de son amour et de ses convictions. Sa piété avait quelque chose de grand et de simple tout ensemble. Elle ne le rendait certes, ni

(*) Ce vœu a été rempli ; une école de Sourds-Muets florissante a été établie dans la communauté, fondée par l'Abbé Beulé ; plusieurs boursiers y sont entretenus par le département.

méticuleux, ni pusillanime, et elle marchait de pair avec
la hauteur de ses conceptions; mais en même temps, elle
était tendre et naïve, elle tenait de la candeur de l'enfant.
Adorateur zélé du Sacrement de nos autels et du divin
Cœur de Jésus, serviteur affectueux de la Vierge Marie
et des Saints, il adoptait volontiers pour leur rendre ses
hommages et pour nourrir ses sentiments envers eux,
les dévotions les plus populaires, et ces sortes de pratiques
avaient même un attrait et un goût particulier pour lui.
L'Abbé Beulé fut humble; non-seulement il ne chercha
jamais à se produire, mais il écarta soigneusement les
occasions qui se présentèrent plusieurs fois, pendant sa
vie, de mettre son mérite en relief et de monter à des
positions dignes de lui. « Dieu, disait-il souvent, me con-
» duit par la voie des humiliations; » et, en effet, il eut à
boire, en ce genre, les calices les plus amers, dont il ne
détourna point ses lèvres, et qu'il vida jusqu'à la lie.
Toutefois, s'il souffrait sans se plaindre, qu'on le méconnût
et qu'on l'abaissât, il n'entendait pas qu'on l'avilît, et
quand on essayait de porter atteinte à son honneur ou au
caractère sacré dont il était revêtu, il relevait fièrement
la tête et prenait une contenance qui imposait le respect.
Dans l'adversité (elle heurta souvent et rudement à sa
porte), il déployait une fermeté et une énergie supérieure
à toutes les attaques, et tel était son calme, au milieu des
circonstances les plus pénibles, que vous eussiez dit qu'il
se trouvait à l'aise avec cet hôte incommode. Sa manière
de vie était frugale; ce n'est pas assez, elle était austère.
Les aliments les plus communs, de l'eau pure pour bois-
son, des meubles dont le dernier artisan se serait à peine
contenté, des habits de l'étoffe la plus vulgaire, témoi-

gnaient assez du peu de cas qu'il faisait des aises de la
vie. Chez lui, l'âme était reine; tout se faisait à son profit,
et le pauvre corps qui la servait, était traité avec une dure
épargne. Mais cette sévérité était toute pour notre saint
Prêtre; il n'avait pour les autres que bonté et indulgence.
Son humeur toujours enjouée, sa conversation toujours
spirituelle et instructive, faisaient rechercher avidement
son commerce, et l'on regardait comme une bonne fortune de l'attirer parfois à quelque réunion honnête, pour
jouir du charme de ses saillies et de ses entretiens. Il
accueillait avec tendresse les jeunes gens, il leur donnait
ses conseils, les prémunissait contre les dangers du monde,
les encourageait au travail et à la vertu; on ne sortait
point d'auprès de lui, sans se sentir plus de volonté et de
facilité pour bien faire. A combien de jeunes ministres
des autels n'a-t-il pas servi de guide et de soutien? Quel
vide ne laisse-t-il pas au milieu de nous tous, et combien
de temps faudra-t-il pour que nous nous consolions de
son absence, et que nous présumions de marcher sans son
appui?

Pauvres, vous qu'il aimait avec prédilection, avec par-
tialité, si je puis m'exprimer de la sorte, vous faites aussi
une perte irréparable, une perte que vous sentez vivement
sans doute, mais que plus tard vous comprendrez encore
mieux. Que n'a-t-il pas fait pour vous, cet homme généreux? Il plaidait votre cause dans la chaire de vérité, et
il recommandait assidûment votre misère à la pitié des
riches. Il vous prodiguait son aisance; que dis-je? de peur
que le nécessaire ne vous manquât, il s'en privait presque
lui-même. C'était surtout en votre faveur qu'il exerçait le
saint ministère. S'il prêchait, il rapprochait, tant qu'il

pouvait, son langage du vôtre ; s'il entrait dans le sacré tribunal, c'était pour vous y entendre de préférence. Vous l'abordiez sans crainte, car il s'était fait en tout semblable à vous, il était de votre famille et vous étiez de la sienne. Est-ce que la maison qu'il a instituée, n'était pas, par excellence, votre maison ? On y élevait vos petits enfants, dès l'âge le plus tendre ; on leur y donnait avec le pain de l'âme, presque toujours celui du corps ; on les réchauffait dans l'hiver ; on couvrait d'habits leurs membres délicats et tremblotants ; on s'épuisait envers eux de soins, d'efforts et de dépenses. S'il vous arrivait quelque accident, où alliez-vous chercher le secours ? quelque chagrin, à qui demandiez-vous la consolation ? oh ! que vous connaissiez bien votre vrai protecteur, celui qu'on put appeler, à aussi juste titre que Job : « le pied du boiteux, l'œil de l'aveugle, » le père des indigents et de tous les infortunés. » (*) A Dieu ne plaise qu'il nous arrive jamais de blâmer la Providence dans ses œuvres ; non, soit qu'elle nous comble de faveurs, soit qu'elle nous accable de maux, nous serons toujours de son parti, nous en serons contre nous-mêmes et nous nous écrierons, en toute circonstance, avec ce vieux patriarche : « Que ce qu'elle a fait est bien fait, et » que le nom du Seigneur ne mérite que bénédiction. » (**) Néanmoins, s'il nous était permis de parler selon le sens humain, nous dirions, ô pauvres, que M. Beulé vous a été ravi bien à contre-temps (***). Lorsque nos campagnes dé-

(*) Job, ch : 19, v : 15.
(**) Job, ch : 1, v : 21.
(***) En 1839, une grêle effroyable et telle qu'on n'en avait point vue dans le pays, de mémoire d'homme, désola toute la contrée.

solées n'offrent presque plus de traces de moissons, et que des jours de si triste misère se préparent, qu'il eût été à propos, ce semble, que ce Prêtre, à entrailles si miséricordieuses, ne disparût pas du milieu de vous! Il aurait multiplié ses aumônes, il se serait surpassé lui-même pour vous soulager. Craignons, hélas! que ce ne soient nos péchés qui aient amené sur nos têtes cet autre fléau, cette seconde calamité qui forme le complément de la première.

Mais non, Mes Frères, écartons cette funeste idée. Pensons plutôt que celui qui nous aima tant ici-bas, ne cessera pas de nous aimer dans la céleste patrie. Son âme, pour être affranchie des liens du corps, n'en sera pas moins compatissante, et ce qu'il faisait autrefois par ses œuvres, il le fera désormais par sa puissante intercession auprès du trône de Dieu. « Celui-ci, pouvons-nous dire » avec le saint Pontife Onias, est plus que jamais l'ami de » ses frères et du peuple d'Israël ; c'est lui qui prie beau- » coup pour le peuple et pour toute la cité sainte. » (*)

Ainsi soit-il.

______

(*) 2 Macchab. ch : 15, v : 14.

NOTES.

(I).

Jacques-André **Emery** naquit à Gex, le 26 août 1732. Il fut le neuvième Supérieur-Général de St-Sulpice, et succéda, en 1782, à Le Gallic, lorsque celui-ci donna sa démission. Deux fois jeté dans les prisons, pendant le règne de la Terreur, il échappa néanmoins à l'échafaud, sur lequel Fouquier-Tinville comptait bien le faire monter, mais dont il lui différait les honneurs, « parce que, » disait-il, ce petit Prêtre empêchait les autres de crier. » En effet, durant sa captivité, il s'occupait à consoler et à exhorter à la résignation ses compagnons d'infortune. Il en disposa un grand nombre à mourir chrétiennement, et entre autres les évêques constitutionnels Claude Fauchet et Adrien Lamourette. A l'époque du concordat, il refusa l'évêché d'Arras, par esprit de détachement, et aussi parce qu'il préférait travailler au rétablissement de sa Congrégation, qu'il parvint, avec l'aide de Dieu, et par beaucoup d'efforts, à reconstituer. Il rendit par là à l'Église de France, un immense service, le plus grand service peut-être qui pût lui être rendu, à cette époque. Adjoint à deux commissions successives de cardinaux et d'évêques, pour délibérer sur les matières les plus délicates et les plus importantes, il y parla avec une fermeté d'autant plus courageuse, qu'elle était médiocrement partagée par

ses supérieurs hiérarchiques, et il refusa de souscrire à des pro-
jets qui lui paraissaient funestes à la Religion. La première fois, il
fut envoyé en exil ; la seconde, il fut appelé devant l'Empereur, à
qui il tint un langage si digne et si modéré, qu'il emporta son
estime, bien qu'il eût osé le contredire. Cette estime entra si profondément dans le cœur de Napoléon, qu'il la manifesta, en plusieurs
rencontres, aux dépens même des Prélats complaisants, dont la
noblesse de caractère ne s'était pas trouvée à la même hauteur
que la sienne. Lorsque M. Emery mourut (le 28 avril 1811), la
restauration de St-Sulpice était achevée ; il laissait après lui une
nombreuse famille sacerdotale, et emportait la gloire d'avoir re-
noué le fil des traditions anciennes. Il léguait aussi au clergé de
nombreux ouvrages, monuments de sa haute piété et de sa science
consommée.

(II)

Jean-Jacques OLIER, fondateur et premier supérieur de Saint-
Sulpice, naquit à Paris, en 1608, de Jacques Olier, Maître des
requêtes. Il étudia en Sorbonne, et se lia de bonne heure avec
Saint Vincent de Paul, instituteur des Prêtres de la Mission et des
Filles de la Charité. Par son conseil, il entreprit des missions en Au-
vergne, lesquelles produisirent les fruits les plus abondants. Connu
du Cardinal de Richelieu, à la gloire duquel il faut avouer qu'il
aimait à mettre le vrai mérite en relief, il ne dépendit que de lui
de devenir évêque de Châlons-sur-Marne. Il refusa ce poste bril-
lant, se sentant appelé à un autre genre de ministère. L'œuvre des
séminaires lui était à cœur. Après divers essais, dont l'un fut tenté
dans notre ville de Chartres, il accepta la cure de Saint-Sulpice.
comme un moyen d'arriver à son but principal, et, en effet, il réussit, peu de temps après, à jeter les fondements de cette Congrégation
illustre, où la piété, la modestie, le désintéressement, la doctrine
et l'orthodoxie la plus pure se sont constamment alliés, pendant
plus de deux siècles, pour former les élèves du sanctuaire, et peu-
pler l'Église de France de cette multitude de grands Prélats et de
saints Pasteurs, qui en ont fait une Église admirée de l'univers
entier. Les excessifs travaux auxquels M. Olier s'était livré
constamment, altérèrent prématurément sa santé ; atteint d'une
paralysie, dès l'âge de quarante-cinq ans, il fut obligé de donner sa
démission de la cure de Saint-Sulpice. Le reste de sa vie fut

employé à consolider et à perfectionner sa Congrégation. Il écrivit
aussi plusieurs ouvrages ascétiques, fort estimés de ceux qui s'ap-
pliquent aux choses de la vie spirituelle. Il n'avait que quarante-
neuf ans, quand il mourut en 1657; mais on peut dire qu'il avait
beaucoup vécu, puisqu'il avait acquis une grande sainteté, et fait
dans l'Église, une œuvre qui contribue d'une manière si éclatante
et si fructueuse, au salut des âmes et à la gloire de Dieu. Fénelon a
dit, en parlant de cette œuvre : « Je ne connais rien de plus véné-
» rable que Saint-Sulpice. » (Lettre au Roi). Tout Prêtre français,
tout Prêtre catholique souscrira volontiers à ce bel éloge.

(III).

C'est dans ce même monastère, transformé en prison par les révolutionnaires, qu'eut lieu le massacre de tant de vénérables
ecclésiastiques , confesseurs et martyrs de la Foi. Souvent, dans
notre enfance, M. Beulé nous fit le récit de cette cruelle exécution. Il possédait le crucifix que Mgr. Duleau, Archevêque d'Arles,
portait entre ses mains, au moment où il reçut le coup de la mort.
Malheureusement on avait lavé le sang dont il avait dû être cou-
vert, et dont les traces l'eussent rendu encore plus précieux. C'était
de ce crucifix en cuivre, qu'on se servait, à la Chapelle du Collége,
pour l'Adoration, le Vendredi-Saint. Il doit être maintenant en la
possession des Sœurs de l'Immaculée-Conception.

(IV).

M. Beulé reçut le sacerdoce, à la dernière ordination catholique
qui se fit, à Paris, avant l'introduction du schisme. Il eut à peine
le temps de se rendre dans sa famille et de célébrer sa première
Messe, dans sa paroisse natale, que le serment à la constitution
civile du Clergé fut exigé de tous les Ecclésiastiques en place,
sous les peines les plus rigoureuses. Aucun des Curés de Nogent
ne consentit à le prêter, et M. Hector Bordier, alors curé de
Notre-Dame, ainsi que ses confrères, MM. Faugère , curé de
Saint-Laurent, et Gault, curé de Saint-Hilaire, préférèrent
généreusement l'exil au sacrifice de leur conscience. Des prêtres,
soit de la ville, soit des environs, se montrèrent moins délicats, et
les trois paroisses furent promptement envahies par des intrus

Lorsque le Vicaire de Notre-Dame, mû par des motifs d'ambition qui furent cependant déçus, prononça, dans le chœur, la formule impie, au milieu des municipaux qui le méprisaient eux-mêmes, l'abbé Beulé, prosterné au pied de l'autel de la Vierge, protestait publiquement par ses gémissements et par ses larmes, contre l'action félonne de son confrère, et il faut dire à la louange des Nogentais, que, loin d'insulter à son courage, ils approuvèrent sa noble conduite, et environnèrent sa personne des témoignages de leur estime.

(V).

Un matin, l'Abbé Beulé revenait de l'une de ses courses nocturnes, le cœur bien content d'avoir procuré à un moribond, les consolations de la Religion, si précieuses à l'heure du trépas, quand il fut tout-à-coup arrêté, à l'une des portes de Rouen, par la sentinelle de garde. On lui demande son passe-port; il n'en avait point, hélas! et il portait sur lui les preuves irrécusables des crimes qu'il venait de commettre, il portait dans un panier, les ornements dont il s'était servi pour célébrer la sainte Messe. On allait saisir le panier, déjà la foule s'amassait à grand bruit, les cris : « C'est un prêtre réfractaire! » se faisaient entendre, lorsque l'officier du poste intervint : « Que voulez-vous à cet » homme, dit-il au factionnaire, est-ce qu'on a besoin d'un passe- » port pour rentrer chez soi? Laissez-le aller. » M. Beulé se garde bien de contester, et tandis qu'une altercation s'élève entre l'officier et une femme qui réclame contre l'ordre qui vient d'être donné, lui, il se perd dans le rassemblement, et il se hâte de regagner son domicile, où il arrive éperdu de joie et de crainte.

(VI).

L'Abbé Beulé se faisait appeler Monsieur André; il voyageait sous le costume et avec la profession apparente de marchand de dentelles. Obligé de loger quelquefois dans les auberges, on lui trouvait, malgré l'air gaillard qu'il essayait de se donner, plus de savoir vivre que n'en ont ordinairement les gens de son état prétendu : l'absence, dans les conversations, de certains mots grossiers, qu'il ne pouvait admettre sur ses lèvres, donnait aussi des soupçons; mais il raisonnait si pertinemment de son genre de commerce, il était si drôle dans ses saillies, qu'il réussissait toujours à enchaîner la malveillance, et il savait si bien gagner les cœurs, qu'il se faisait aimer d'êtres ordinairement peu prodigues de sentiments affectueux et de politesse. Il se tira, un jour, fort heureusement d'un mauvais pas. Une servante qui voulut l'éprouver, ayant mis entre ses mains placées derrière son dos, une certaine pièce de dentelles, pour la juger, il dit, sans hésiter, et à la complète satisfaction de l'assemblée, de quelle fabrique elle était sortie. Mais il faut croire que Dieu lui vint en aide dans une si étrange rencontre.

(VII).

Hercule Consalvi, Cardinal, né le 8 juin 1757, à Rome, où il mourut, le 24 janvier 1824, fut secrétaire d'État du Pape Pie VII, pendant la plus grande partie de son long règne. Son noble désintéressement et une résistance courageuse à des entreprises funestes au Saint-Siége, furent les seules causes qui l'éloignèrent des affaires, durant quelques années. Il eut la double gloire de préparer et signer le Concordat, et, au retour de Pie VII à Rome, de lui faire restituer ses états, dans le congrès de Vienne. Son attachement filial à son bienfaiteur, se manifesta constamment de la manière la plus touchante, et fut payé, en retour, de la part du saint Pontife, de la tendresse la plus paternelle : ces deux belles âmes étaient faites l'une pour l'autre. Consalvi avait un mérite du premier ordre; son esprit élevé et conciliant, son affabilité, sa modestie, son application constante au travail, influèrent avec bonheur, sur les destinées de l'Église ; la Religion, en France, lui doit une gratitude particulière. M. Thiers, qui ne se pique pas assez d'impartialité, n'a pas rendu suffisamment justice à ce grand ministre, à cet habile diplomate. Le Cardinal Caprara a obtenu ses préférences.

(VIII).

Jean-Siffrein Maury, Cardinal, naquit à Vauréas, dans le comtat Venaissin, le 26 juin 1746. Sans fortune et sans protecteurs, mais pressé d'un vif désir de parvenir, il s'éleva par son mérite et par ses succès dans la chaire, à un fauteuil académique, et fut pourvu d'un bénéfice considérable. Élu, à ce dernier titre, député

du Clergé aux États généraux de 1789, il déploya, dans cette
assemblée, une admirable éloquence en faveur de la bonne cause.
On le vit, émule de Mirabeau lui-même, lutter avec avantage contre cet adversaire formidable, et s'il ne put arrêter le torrent des
idées révolutionnaires, du moins le força-t-il souvent à reculer et
à suspendre l'impétuosité de sa course. L'histoire a enregistré la
lettre que l'infortuné Louis XVI lui écrivit, pour le féliciter de
son courage et de ses triomphes oratoires. Quand le trône fut
entièrement renversé, et que l'abbé Maury dut chercher son salut
dans l'exil, il se retira à Rome, où l'illustre Pie VI se chargea
de le récompenser dignement des services qu'il avait rendus à la
royauté et à l'Église. Il l'admit dans le sacré collége et lui donna
l'Évêché de Montefiascone, un des meilleurs de l'Italie. Est-ce
l'ambition, est-ce l'amour du sol natal, est-ce l'auréole de gloire
dont la tête du nouveau maître de la France était environnée, qui
séduisit le cardinal Maury et l'engagea à faire vers Napoléon des
démarches pour rentrer dans sa patrie? Nous n'oserions le décider.
Nous dirons seulement, que l'opinion publique se montra peu indul-
gente envers lui. Généralement sa conduite fut improuvée ; mais
surtout on ne lui pardonna pas de s'être montré moins délicat que le
Cardinal Fesch, pour accepter l'Archevêché de Paris et s'asseoir sur
ce grand siége, malgré la défense formelle du pape Pie VII. Rien
ne lui réussit, à partir de cette époque, et son talent parut même
s'éclipser. En 1814, il sentit la nécessité de s'éloigner de nouveau
de la France, et de retour à Rome, il y fut accueilli non-seulement
avec froideur, mais avec sévérité. Le Pape jugea à propos de le
faire enfermer au château Saint-Ange, où il ne fut toutefois retenu
que six mois. Remis en liberté, il ne fit plus que végéter, consumé
qu'il était de mélancolie et d'angoisses, et mourut enfin dans
la retraite le 10 mai 1817. Si le Cardinal Maury, par ses inconsé-
quences, a flétri lui-même ses lauriers et obscurci la gloire de son
nom, compatissons néanmoins à cette triste fin d'un homme
si célèbre, et n'oublions pas tout-à-fait l'éclat dont il se couvrit,
lorsqu'il se montra le noble champion de la vérité et de la justice.

(IX).

Pendant son séjour à Rome, M. Beulé fut l'objet d'une surveillance dont il ne se doutait pas d'abord. D'une part, le Pape, qui

voulait savoir à qui il avait affaire, avant de donner sa confiance,
le fit suivre très exactement par sa police particulière; mais les
détails qu'il apprit sur la conduite des envoyés français, furent de
nature à lui mettre l'esprit en repos. « Vous êtes de bons Prêtres,
» leur dit-il en souriant, lorsqu'il les vit, la seconde fois ; je sais
» que, depuis que vous êtes ici, vous avez dit la sainte Messe tous
» les jours; vous vous êtes confessés, en tel endroit, chaque
» semaine, et il n'y a point de lieu de dévotion, où vous n'ayez été
» prier. » D'un autre côté, le Cardinal Ruffo, qui commandait les
troupes du Roi de Naples, maîtresses alors de la ville de Rome,
informé par ses agents de l'arrivée de ces hôtes mystérieux, les fit
arrêter et conduire devant lui. Dans le premier moment, il leur
parla avec beaucoup de sévérité, et les menaça sans façon de les
faire enfermer au château Saint-Ange, s'ils ne lui livraient leur
secret. L'Abbé Beulé avait beau dire qu'ils étaient venus, profitant
des loisirs forcés que leur faisait la révolution, rendre leurs respects
aux tombeaux des bienheureux Apôtres, ce qui était vrai, mais en
seconde ligne, le malin Cardinal ne se laissait point prendre au
piége de cette réponse, et fixant ses yeux vifs et scrutateurs sur
son pieux pélerin : « Oui, répartait-il avec son accent italien, et en
» exprimant par son ton, un doute intelligent et demi-moqueur,
» oui, vous êtes venus pour visiter les tombeaux des saints Apô-
» tres, mais je vais néanmoins vous loger en lieu de sûreté. » Il se
radoucit cependant peu à peu, et à la fin de la conversation qui
roula sur les arts, sur les monuments, sur la littérature, et où il fit
avec l'Abbé Beulé, assaut d'esprit et de connaissances : « Allez,
» dit-il, charmé de ce qu'il avait entendu, je m'en voudrais de
» vous faire de la peine; mais soyez sages dans vos démarches, car
» je vous avertis qu'on m'en rendra compte. » Le principal ministre du Pape, le cardinal Consalvi, ayant su aussi que des étrangers
avaient pénétré plusieurs fois, jusque dans l'appartement le plus
secret de Sa Sainteté, s'inquiétait de ces entrevues dont le Pontife
ne lui disait mot. Sous quelque honnête prétexte, il fit inviter les
deux prêtres français à le venir visiter. C'était un homme d'une
dextérité merveilleuse, et il se flattait de venir facilement à bout
de la discrétion de deux simples prêtres qu'il ne croyait pas fort
exercés au grand art de la diplomatie, dans lequel il excellait lui-
même ; mais il ne put seulement pas leur arracher l'aveu qu'ils
eussent été reçus par le saint Père. « Si vous vouliez, leur disait-il,

» après beaucoup d'autres politesses, je solliciterais pour vous une
» audience de Sa Sainteté, qui sans doute serait enchantée de vous
» voir; car elle aime beaucoup les Français. » Et M. Beulé de
répartir avec l'humilité la plus sincère : « Une audience de Sa Sain-
» teté! Oh! Éminence, nous n'oserions jamais nous permettre une
» telle indiscrétion; ce sera beaucoup de bonheur pour nous, si
» nous rencontrons le saint Père dans quelque église, pour y
» recevoir la bénédiction apostolique. » Le Cardinal voulant se
ménager un autre entretien, dont il espérait de meilleurs résultats,
leur dit, avant de prendre congé d'eux, et avec l'obligeance la plus
gracieuse : « qu'il désirait les revoir, et que lorsqu'ils auraient
» envie de retourner en France, ils ne recevraient leurs passe-ports
» que de sa propre main. » Mais M. Beulé fit en sorte de se les procurer autrement. « Avec lui, racontait-il en riant, on courait trop
» risque, ou de mentir, ou de laisser échapper ce qu'il fallait taire. »
Les deux Prêtres français passèrent par Montefiascone, en rega-
gnant leur pays. Le célèbre Cardinal Maury était Évêque de cette
ville. Ils ne purent se dispenser d'aller lui présenter leurs hommages. Le prélat les reçut à bras ouverts, et ne fut pas longtemps
à s'apercevoir que ses hôtes n'étaient pas des voyageurs ordinaires.
Il soupçonna qu'ils étaient chargés de quelque mission importante,
et comme il méditait déjà son retour dans sa patrie, il les ques-
tionna sans relâche, ne ménageant ni caresses, ni témoignages
de bienveillance. « Il nous retint trois jours entiers, a souvent
» raconté, depuis, l'abbé Beulé, et il nous emmenait dans sa
» voiture, faire des promenades qui duraient plusieurs heures,
» mais il eut beau mettre en œuvre toutes les ressources de son
» esprit, qui assurément n'était pas médiocre, il ne triompha pas
» de la réserve que nous avions dû nous imposer. Enfin, lassé de
» notre constance, il nous congédia en nous remettant une lettre,
» pour un évêque de ses amis, dont la résidence se trouvait sur
» notre passage. Cette lettre, il me la présenta à lire, avant de la
» cacheter. « *Monseigneur*, y était-il dit, *j'ai l'honneur de vous adresser*
» *deux prêtres français, à qui je vous prie de faire bon accueil. Ils sont*
» *français, dis-je ; mais de quelle province? Est-ce de Gascogne ou de*
» *Normandie? Je l'ignore. Ce que je sais bien, c'est qu'ils sont porteurs*
» *d'un secret que j'aurais désiré fort de pénétrer; mais je n'ai pu y réussir.*
» *Tâchez d'être plus habile que moi, et si vous en venez à bout, donnez-*
» *m'en des nouvelles.* » « Nous de sourire, sans rien répondre, et

» nous nous empressâmes de déloger, car avec celui-ci encore,
» les périls de trop parler étaient grands. »

(X).

Un jour, que nous nous entretenions M. Beulé et moi, de ce
voyage de Rome, qui formait, dans sa vie, un si notable épisode,
je lui témoignais ma surprise de ce qu'il n'avait pas reçu de
récompense proportionnée au service qu'il avait rendu à la
Religion : « Le Saint Siége n'est pas ingrat, me répondit-il, et si
» j'eusse voulu me fixer à Rome, il n'eût dépendu que de moi de
» devenir un personnage. »

(XI).

Je n'ai pu me procurer la date de la naissance et de la mort du
père Guillou. Aucun dictionnaire biographique ne contient de
notice sur cet homme, qui s'est pourtant distingué, de nos jours,
par la sainteté de sa vie, son zèle apostolique, son caractère et son
talent original : « *Justus perit et nemo est qui recogitet.* »

(XII).

Dans un gros bourg du diocèse de Séez, deux femmes concubi-
naires s'étaient livrées au mari l'une de l'autre, et demeuraient
tranquillement, et avec une sorte de consentement mutuel, dans
cet état déplorable. Une d'elles ayant, un jour. assisté à la prédica-
tion de l'Abbé Beulé, se sentit saisie de remords. Elle vint le trouver au confessionnal pour lui avouer sa triste situation. Le curé du
lieu qui l'avait aperçue, s'empressa d'avertir le missionnaire de se
défier de cette misérable, lui protestant que tous les soins qu'il
essaierait d'en prendre resteraient inutiles. Sans trop s'expliquer
avec lui, M. Beulé continua cependant de poursuivre son œuvre
en secret. Au bout de quelques jours, il réussit à déterminer les
deux femmes à rentrer dans leur ménage légitime, et les voyant
en de saintes dispositions, il les admit à la réception des sacre-
ments. Le curé, qui ne croyait point à la sincérité de ce retour, lui
en fit des reproches assez vifs; mais il fut forcé plus tard de conve-
nir que M. Beulé avait agi en cela par l'esprit de Dieu; car celui-ci

étant revenu, quelques années après, dans le même endroit, ce bon pasteur n'eut rien de plus pressé que de faire amende honorable, et d'avouer que les deux pauvres brebis qu'on avait recueillies, presque malgré lui, dans le bercail, en avaient constamment fait l'édification, depuis cette époque. Plusieurs de ces prêtres malheureux qui, en des jours de lamentable mémoire, oublièrent leurs devoirs et leurs serments, vinrent verser dans son sein l'aveu de leur apostasie, et entreprirent, par ses conseils, une pénitence proportionnée à leur crime. C'était quelquefois de bien loin, qu'ils se rendaient auprès du saint homme dont la réputation de charité et d'habileté avait pénétré jusqu'à eux. Brisé par les fatigues du jour, qui s'étaient prolongées bien avant dans la nuit, M. Beulé se disposait, un soir, à quitter l'église, pour aller se jeter sur un lit, pendant quelques heures, lorsqu'une voix, partie du fond du temple, lui cria : « Ne sortez pas, vous avez encore une bonne œuvre à faire; » un grand pécheur vous attend au confessionnal. » Le saint missionnaire y retourne en toute hâte; c'était un de ces ecclésiastiques infortunés dont je viens de parler, qui avait fait une quinzaine de lieues pour trouver ce confesseur, que Dieu lui avait indiqué, comme le plus capable de guérir ses plaies et de faire renaître l'espérance et la paix dans son cœur. M. Beulé lui consacra le reste de la nuit, heureux de se priver pour le soulagement d'une âme angoissée par le remords, d'un repos qui lui était néanmoins si nécessaire.

(XIII).

L'Abbé DE L'ÉPÉE, Instituteur des Sourds-Muets, est né à Versailles, le 28 novembre 1712; il mourut à Paris, le 23 décembre 1789. Si, avant lui, on s'était déjà occupé de l'instruction des Sourds-Muets ; si même on avait écrit des choses intéressantes sur cette matière, on peut néanmoins le regarder à peu près comme le véritable inventeur de la méthode, dont son ouvrage intitulé : *Institution des Sourds-Muets,* donne une idée juste, claire et précise. Il est regrettable que ce prêtre, bienfaiteur d'une portion si malheureuse de l'humanité, ait donné dans l'erreur des Jansénistes, et ait ainsi terni sa propre gloire.

(XIV).

L'Abbé Roch-Ambroise CUCURSON, connu sous le nom de SICARD,

Directeur de l'Institution royale des Sourds-Muets, naquit le 2 septembre 1742, à Fousseret, près de Toulouse. Initié à l'art d'instruire les Sourds-Muets par l'Abbé de l'Épée lui-même, il lui succéda dans la direction de l'établissement de Paris, en 1789. Ayant été jeté, à l'époque de la Terreur, dans les prisons, et, malgré les touchantes réclamations de ses élèves, transféré, le 2 septembre, à l'Abbaye, il y courut les plus grands dangers, et ne dut son salut qu'à une protection manifeste de la Providence. Plus tard, au 18 fructidor, il fut frappé par l'arrêt de déportation, que le Directoire lança contre les Journalistes; mais il put se cacher et échapper à ses proscripteurs. Ce ne fut qu'après le 18 brumaire, qu'il fut rendu à ses chers Sourds-Muets, et qu'il put se livrer avec sécurité, à la science spéciale qui absorba le reste de sa longue vie. L'Abbé de l'Épée avait laissé sa méthode d'instruction dans un état d'imperfection réelle. Renonçant presque à introduire ses élèves dans le domaine des choses intellectuelles, son art se bornait, en quelque façon, à un pur mécanisme. L'Abbé Sicard voulut aller au fond des choses, et il réussit à mettre à leur portée les idées métaphysiques. Mais il faut avouer que pour le suivre jusqu'au bout, les enfants avaient besoin d'une intelligence plus qu'ordinaire; peu arrivaient aux dernières limites de la science. Autant que nous avons pu l'observer, on enfonce aujourd'hui beaucoup moins avant dans les difficultés, et ce qu'on a gagné en superficie, peut-être l'a-t-on perdu d'une autre manière. L'Abbé Sicard forma plusieurs élèves devenus célèbres, entre autres Massieu et Leclerc. Dans notre enfance, nous avons vu ceux-ci, au collége de Nogent, où ils étaient venus visiter l'Abbé Beulé, et où ils donnèrent plusieurs séances au public. Massieu nous amusait beaucoup en contrefaisant devant nous, pendant la récréation, divers caractères qu'on lui indiquait. Sa pantomime était si expressive, que, bien qu'il ne proférât aucune parole, nous reconnaissions, avec de grands éclats de rire, le *Paresseux*, par exemple, l'*Indocile*, le *Vaniteux*, et ce spectacle ne laissait pas de devenir pour nous, une leçon instructive, autant qu'amusante. Nous ne perdrons pas notre temps à dire que l'illustre Sicard, déjà membre de l'Institut, fut décoré, en 1814, de divers ordres, par les souverains qui visitèrent son établissement : les titres et les croix ajoutent peu à la gloire d'un homme d'un si haut mérite. Le saint Pape Pie VII ayant désiré, quand il vint en France, de voir les Sourds-Muets faire un exercice en sa présence, fut charmé de la

manière dont, maître et élèves, opérèrent devant lui. Invité à poser
une question, il demanda à Massieu ce que c'était que la reconnaissance, et celui-ci d'écrire rapidement sur le tableau, cette
ingénieuse et belle définition : « La reconnaissance est la mémoire
» du cœur. » L'Abbé Sicard mourut à Paris, le 10 janvier 1822, à
l'âge avancé de 80 ans. J'étais alors à Nogent, et je fus instruit par
M. Beulé lui-même, des honorables instances qu'on fit auprès de
lui, pour l'engager à accepter la place de son illustre maître. L'Abbé
Sicard a laissé un grand nombre d'ouvrages relatifs à l'art particulier d'instruire les Sourds-Muets. Il avait hérité jusqu'à un certain
point, des principes jansénistes de l'Abbé de l'Épée; triste héritage
que M. Beulé a toujours énergiquement répudié pour son compte.

(XV).

Mathieu-Jean-Félicité LAVAL, Vicomte, puis Duc de Montmorency, né à Paris le 10 juillet 1760, servit dans la guerre d'Amé-
rique, et revint en France, imbu de principes qui le firent tomber,
au début de sa carrière politique, dans les erreurs et les fautes les
plus graves. Jeune, inexpérimenté, cédant à l'entraînement de
l'époque, et séduit même par la générosité de son cœur, il vota
avec enthousiasme, pour la *Déclaration des droits de l'homme*, et
pour *l'abolition des droits de la noblesse;* prêta le fameux serment
du jeu de paume, et fut un des quarante-sept gentilshommes qui
se réunirent à la chambre du Tiers. Mais les crimes affreux dont
la Révolution ne tarda pas à se souiller, lui ouvrirent les yeux, et
lorsque, dans l'exil, auquel il avait dû se condamner, il apprit que
son frère, l'Abbé de Laval, avait péri sur l'échafaud, il rompit pour
toujours, avec des opinions dont les conséquences amenaient de tels
excès. Pendant le règne de Napoléon, il demeura étranger à toute
fonction publique, et ne s'occupa que d'œuvres de charité et de bien-
faisance. Au retour des Bourbons, il se hâta de rentrer sous leurs
drapeaux. Accueilli par ses anciens maîtres, non-seulement avec
indulgence, mais encore avec distinction, il fut fait Maréchal de
camp, Aide-de-camp de Monsieur, depuis Charles X, Chevalier
d'honneur de Madame la Duchesse d'Angoulême, et Duc et Pair
de France, à la seconde restauration. En 1821, Mathieu de Montmorency devint Ministre des affaires étrangères. Ce fut alors qu'il
prononça, en pleine chambre, ce noble désaveu de sa conduite

passée, auquel tous les honnêtes gens applaudirent; mais qui pro-
voqua les sarcasmes et les récriminations des révolutionnaires;
comme s'il n'était jamais permis de s'écarter d'une route funeste,
lorsqu'on s'aperçoit qu'elle mène à l'abîme; comme s'il n'était pas
généreux et loyal de réparer ses torts et de rendre hommage à la
clémence qui les a oubliés. Au congrès de Véronne, où il fut
secondé par Châteaubriand, son ami, qui devait devenir bientôt son
successeur, M. de Montmorency contribua puissamment à déterminer les souverains à prendre les armes pour le rétablissement
de l'autorité royale en Espagne. Sorti, peu après, du ministère, il
reçut avec la dignité de Ministre d'État et de membre du Conseil
privé, la plus haute marque de confiance à laquelle un homme de
sa sorte pouvait aspirer, il fut fait Gouverneur du duc de Bordeaux.
La France vit avec joie l'héritier du trône confié à des mains si
pures et si chrétiennes, et elle espéra que les lumières acquises
à travers tant de vicissitudes, jointes à la plus haute et à la plus
incorruptible probité, tourneraient au profit d'une éducation, d'où
paraissaient dépendre ses destinées. M. de Montmorency fut aussi
reçu à l'Académie française, honneur, il faut bien l'avouer, qu'il
dut à sa position, plus qu'à ses œuvres littéraires, mais dont il fut
loin de se montrer indigne, dans le discours qu'il prononça, lors
de sa réception. A mesure qu'il avançait dans la vie, le Duc crois-
sait en piété, et multipliait avec plus de profusion ses bonnes
œuvres. Dieu sembla vouloir l'en récompenser, en lui procurant
une fin bien digne d'envie, et où l'on ne peut presque s'empêcher
de voir une marque de prédestination. Le 24 mars 1826, jour du
Vendredi-Saint, à trois heures de l'après-midi, il était en adoration
devant le tombeau, où reposait le Saint-Sacrement, lorsqu'il fut
frappé d'apoplexie foudroyante et expira dans l'exercice de la
prière, aux pieds mêmes du Sauveur.

M. de Montmorency qui, pendant sa vie, s'était plu à favoriser
toute espèce de bien, avait accepté une place d'Administrateur de
l'Institution royale des Sourds-muets, et il en remplissait les fonctions avec un zèle très particulier. Il fut un de ceux qui, après
la mort de M. Sicard, insistèrent le plus auprès de l'Abbé Beulé,
pour le déterminer à se laisser nommer Directeur. Celui-ci allé-
guait, entre autres excuses, la simplicité de ses goûts et de ses
habitudes, et il faisait remarquer la singularité un peu étrange de
ses vêtements, qui aurait trop contrasté, disait-il, avec le poste où

on voulait l'élever. Mais le grand seigneur ne se payait pas de cette raison, et démêlant le mérite supérieur à travers la rudesse de l'enveloppe, il répliquait que la qualité qu'on exigeait le moins d'un Directeur, c'était l'élégance de la mise et le luxe des ameublements. C'est M. Beulé lui-même qui nous a raconté ce petit débat.

Le duc Mathieu de Montmorency, on le comprend, ne devait pas trouver grâce devant ses adversaires politiques ; aussi l'ont-ils traité assez durement. Toutefois, on s'étonne que, dans un ouvrage aussi recommandable que la *Biographie universelle*, on ait admis, sur un homme aussi digne de respect, une notice qui n'est, d'un bout à l'autre, qu'une espèce de persiflage malveillant. On aurait cru que l'histoire devait avoir plus de gravité, et qu'elle ne se nourrissait pas d'épigrammes.

NOGENT-LE-ROTROU. — IMPRIMERIE DE A. GOUVERNEUR.